JN439115

13월 바람

시산맥 기획시선 057

13월 바람

시산맥 기획시선 057

초판 1쇄 발행 | 2017년 11월 6일

지 은 이 | 손한옥
펴 낸 이 | 문정영
펴 낸 곳 | 시산맥사
편집주간 | 김광기
편집위원 | 안차애 이성렬 전해수 정재분
등록번호 | 제300-2013-12호
등록일자 | 2009년 4월 15일
주　　소 | 03131 서울특별시 종로구 율곡로 6길 36.
월드오피스텔 1102호
전　　화 | 02-764-8722, 010-8894-8722
전자우편 | poemmtss@hanmail.net
시산맥카페 | http://cafe.daum.net/poemmtss

ISBN 978-89-98133-98-6 03810

값 9,000원

* 이 도서의 국립중앙도서관 출판시도서목록(CIP)은 서지정보유통지원시스템 홈페이지(http://seoji.nl.go.kr)와 국가자료공동목록시스템(http://www.nl.go.kr/kolisnet)에서 이용하실 수 있습니다.

13월 바람

손한옥 시집

*본문 페이지에서 한 연이 첫 번째 행에서 시작될 때에는 〈 표기를 한다.

■ 시인의 말

시는 나의 기침이고

내 몸에 돋는 풀

사랑은 나의 기침이고

내 몸에 돋는 자비慈悲

시가 깊어 내가 슬프고

사랑이 깊어 내가 아프다

—2017년 10월, 손한옥

■ 차 례

1부

2부

3부

4부

1부

바람

멈추지 않고 흔들릴 것이다
불혹이라 불렀던 오만한 벚꽃 날개 찢듯이
설유화가 취했던 마티니향 날리듯이

리듬 따라 춤출 것이다
살구꽃 피우듯이 치자꽃 지우듯이
강물을 밀고 바다를 밀어 올릴 것이다

고통 없기를 바라지 않을 것이다
이따금, 순한 노루가 되고 싶은 날과
양날의 혀를 가진 독사가 되고 싶은 날을 생성이라
여길 것이다

나는 불타는 섬에서 너울거리는 바람
지상에서 가장 깊이 숨은 바람, 13월 바람이나
전 전생의 고요와 전생의 격렬로 타오르는 불꽃이다

황홀한 흔들림은
나를 떠받치고 있는 온전한 균형
바람, 유연한 내 뼈의 정체다

극[極]은 문이다

지뢰를 품은 어둠의 덩어리를 보았네
동굴 같은 어둠 속에서
간간히 들리는 낮은 웃음소리
길 잃은 말 울음소리 같네
그의 큰 키는 어둠에 덮였네
그 등엔 세 마리의 조롱말
꽃등을 밝히고 있네

그의 전공은 엉터리
사막 같은 길
언제나 나는 그가 달리는 길 앞에 놓인 검은 바위
한 번도 적중하지 않은 나의 개꿈을 황제처럼 옷 입혀
그를 주저앉혔네

상수리나무에서 떨어진 도끼
빠지지 않네
내 발등에서 흐르는 피
그의 발 앞으로 흐르네
안 돼, 달아나라

나의 피, 한 방울도 닿아선 안 돼

엎드린 그의 등이 고요하네
그의 귀 덮여 있네

내가 일어서서 달아나네
한 번도 그를 만난 적 없었던 사람처럼
내가 나를 묻네
그를 위하여 내가 묻히네
두껍고 어두운 카르마
녹아내리네
그를 낳은 내가 사라지네

드디어 너,
온전하게 빛나겠네

청탁의 등급

나의 등급을 알지 못하는 내가
스스로 내 등급을 측정했다
세상에 이름을 내는 성병[聲病]에 갈급하지만
편견에 굴복했다
내 영혼의 등급을 위무하면서

그건 반지지자에 대한 분노의 등급과 비례하는 일
나를 넘어가는 입추를 정돈한다
슬그머니
검은 스타킹을 벗어 내리듯 거절한 청탁

어느 궁한 날 정갈하게 빨아 다시 신을 날도 있겠지만
이미 그 발이 지나간 곳의 향은 사라지고 없다
그 향을 다시 쫓는 역류는 없다
천만 번 짓고 부수고 또 쓰고 지우는 일
등급에 맞는 보궁에 나를 모시기 위함이다

항생제 눈물

옭은 살얼음에 싸인 사춘기 아이 앞에서 어른이 웁니다
어른이 우는 걸 한 번도 본 적 없는 아이는
호랑이가 와도 무섭지 않을 어른이 큰 소리로 우는 걸 보고
손을 잡으며 묻습니다
괜찮아요? 괜찮아요?
휴지로 어른의 눈물을 닦아주며 주먹으로 제 눈물을 닦습니다
달디 단 눈물이 닦이고
알 수 없는 아이의 고립된 분노가 닦이고
잘 되라고, 잘 되라고, 잘 되라고 말하는
어른의 참말이 닦입니다
없어져 버리면 날아갈 것 같은 난폭의 알들이
영영 돌아오지 못할 강물 같은 사춘의 병이
페니시린 칠 천 배의 눈물에 닦입니다
완벽하게 걸어 잠근 아이의 문들이
눈부신 아침을 맞이합니다

슬픈 생일

부처와 예수와 공자는 빼고
내 잘못을 잘 모르는 밤들이 뒤척이며 지나가고
어쩌면 밤새 스멀거림이
일곱 마리의 다슬기 영혼이 기어오른 것 같아
냇물에 살려주러 갔다

칠석 날 오작교 다리가 무너진 걸 보았고
해마다 맞이하는 생일
나는 무참하게 내 어머니의 의도를 의심한다
과연 어머니의 사명감도 투철한 나의 근성에 견주어 졌을까
내 아버지와의 오작교는
과연 성실했던 것일까
불손의 반문 끊임없고
반 공기의 밥을 넘기는 어느 호숫가의 밥이 모래처럼 껄끄럽다
생일 날 미역국을 먹는 것은 탁한 피를 맑힘이 자명하다고
측은지심의 어머니 내 눈물을 닦는다

〈

내 머리맡에만 산란하던 밤 지나간 아침
냇물은 일정한 소리로 흘러가고
사광으로 눈부신 바래기풀은 결마다 빛나고
토끼풀 위에 누운 꽃뱀은 배롱나무보다 붉게 이슬을 말리고 있는데

나는 지금도 모르겠다
부처와 공자와 예수는 잘 아실
수수 억 년 쌓아온 나의 카르마를,

가시고기 1

톡톡,
닫힌 방문 사이로 새어 나오는 소리
날렵하게 유영하던 몸이 내는 소리다
인슐린주사기를 쥐고
살 두드리는 소리다
소리만으로도 가시 박힌다

열일곱 살, 나를 업고 강을 건너던
단단한 등
평행봉 위에서
바람 소리를 내며 돌아가던
다리
벚꽃처럼 환한데

껍질이 벗겨진 가방을 들고
땅거미 드리워진 대문을 열고 들어서는
어깨에서,
끊지 못하는 니코틴 거품 마른 입술에서,
고추잠자리 날개옷 사고 싶은 마음 접는다

〈

콩밥과 구운 생선과
붉은 사과가 차려지는 저녁
수위 높은 혈당 끌어내리고 있는
한 생애에 대하여
울음이 발효되는 시간
허방에 매달린 금등화 꽃빛 흐릿하다

사무친다

썩 물렀거라,
도마 위까지 따라와 칼날 아래 앉은 너
하얀 무우에서 붉은 물 솟는다

썩 거두어라 부적,
경면주사 갈아서 자子시에 그려낸 명자꽃빛 주문呪文
나 이제 보여줄 것 없다
곪은 발톱까지 다 보였다
소녀도 아니다 여인도 아니다
가시나 문디가시나다
동서남북 모르는 꼴머슴이다
풍랑 앞에 서 있는 기갈 센 어부다
내 목소리 우레보다 높아 종달새 듣지 않고
길길이 솟는 물살 윤슬은 간데없다

썩 나와라,
내 눈 막고 귀 막고 심장 조이는 너
형상을 보여라 햇빛같이 나와라
바를 정正자 이마에 붙이고

꽃으로 말고 짐승으로 말고 사람으로 나와라
눈 감았는가 눈 떴는가
차라리 넋이라 말하고 사무친다 말하라

면역성

수십 번 돌을 맞아도 생기지 않는 항체
이제 그 소심을 버린다
양철 목걸이를 걸고도
하늘 높이 날던 맹목의 날개와 무모한 제단을 접는다
유약한 날개여 미안하다
부끄러운 자유
돌아서서 검은 눈물을 닦는다
신 포도와 설익은 밥알들
휘발유의 피를 세던 검은 손이 슬퍼,

공인 없는 나무
수십 년 꽃 피어도
열매를 달지 않는 나무는
오늘을 알아
몸 가장자리마다 매단 수십 개의 노
중심을 잃을 때를 알아
작은 가지마다 만든 지렛대
태양은 나무의 뿌리까지 죽일 수 있어도
나무가 빚은

순백의 종이는 불태우지 못한다

이별,
그 모멸의 항체를 기록해야 할 A4

쥐 잡는 편백나무

백 마리의 쥐를 잡기 위해 편백나무를
오백 번 휘둘렀다
편백은 오로지 편백으로 단단해져
힘줄을 넘나드는 쥐를 향해 난사하는데
쥐는 땅을 파고 더 깊이 들어갔다

살악산 깔딱고개를 넘어 적멸보궁을 품고
운무에 잠긴 한라산에 취하던 때는
멀고 먼 전설
남루한 발목은 안나푸르나를 오른 듯
동상처럼 부풀고
제 꾀에 제가 걸려
가속으로 달려온 발화 지점을 돌아보며
무모를 참회한다
편백은 수정할 수 없는 결론을 침묵하며
쇼파 뒤에 뻣뻣하게 숨어 있고
한때 완벽한 직립을 자만하며 질주하던
발목 위로
뿌연 쑥뜸 연기만 어둠에 고여 있는 수로를 열고 있다

설유화

저건 조팝꽃이다 아니다 싸리꽃이다
꽃잎처럼 분분하다 그 이름
서러운 꽃 지고 있다
조팝으로 싸리꽃으로
시절을 풍미하던 설유화 지고 있다

준마도 멈추고
꽃잎을 쓸어 모은다
연둣빛 어느 봄날
아침 잘 먹고
사납지 않은 바람 다 모였을 때
상추밭에 물 흠뻑 주고 난 뒤

하얀 설유화 내 무덤가
책처럼 가지런하게 꽂아주면 하얀 꽃길
참 잘 가겠다
어진 왕비가 되어

촉식觸食

제사가 필요합니까 물은 적 있습니다
밤 대추 꽃사탕 도라지 고사리 진설이 필요합니까
감량 없는 음식에 대해 물은 적 있습니다
스님은
불경스런 소리를 가라앉게 하듯이
가만히 합장했습니다
그리고
맑고 밝은 허공을 향해 말했습니다
고혼영가는 촉식觸食을 하십니다
산자의 사사로움을 배려하셔서
가만히 가만히 흠감하신다 했습니다
그러한 것 같습니다
거룩한 손주의 손 매끈매끈 빚어 올린 알밤
살빛 하나 변하지 않도록
하얀 명주저고리 살며시 닿아보고
접으셨나 봅니다
촛불도 미동 없는 불빛 속에 엎드린 자손들 머리마다
쓸어보고
반쯤 열린 문으로 떠나셨나 봅니다

호문목 향 사른 향로 위
소지 올린 신위의 둥근 재
흔적으로 남기셨나 봅니다

촉색觸色

어느 하루
설핏 스쳐 간 하얀 팔의 촉감으로
바람에 날아갈까 먼지 내려앉을까 주먹 쥐고 있었다
했습니다
지문을 감아 도는 전율
안개 걷고 바람 닫고
발가벗은 달빛 아래 주먹 가만히 펼쳤다 했습니다
그 몸, 차가운 중심을 녹이는
쓸쓸하지만 뜨거운 촉색觸色이라 했습니다
닿을 듯 닿지 않는 박명의 연,
별같이 멀어도
아리고 예리한 희열
찬란한 비상으로 만났다 했습니다

벼룩 풍물

명품 속에 졸품 있고
졸품 속에 명품 있다

너는 돌이라 버렸고
나는 명석이라 품는다
너는 졸안이고
나는 혜안이다
너는 반역이고
나는 애국이다

너는 사내의 등골을 파먹지만
나는 사내의 등에 벼를 심는다

나도, 세상의 모든 등골을 다 파먹은 적 있다

슬픔에게 말하세요

이제 보내세요 그리고
보랏빛 입술로 떨고 있는 한 줌 제비꽃으로는 피지 말고
지상에 꽃들 내려다보는 칸나로 피세요
엉겅퀴가 되어 그대 절망의 눈
찌른 손 찌르고 찌르세요
가시장미의 독으로
꽃이라고 부르는 이름마다 스며들어
암묵화로 만드세요

그대 착한 슬픔이여 용서하지 마세요

햇빛 들지 않아 음각 하나 빚지 못하던 안개 만났다 여기세요
하늘 높이 날고 있어도
바늘 촉 한 끝에 사라질
헛바람 탱탱했던 회오리였다 여기세요
그래요
날마다 하늘을 보며 두레박이 내려오길 기다리면서 날개옷 만지던

모습만 기억하세요
그대, 종[從]이었던 날개 접고
눈물의 설득이 닿지 않는 슬픔에
서둘러 말하세요
슬픔이여 오래 안녕이라고

투계의 의도

쌈닭은 노는 게 싸움이다
지렁이 한 마리를 놓고
너 먹어라 나 먹어라 하다가
같은 부위에 입이 닿자
겨드랑이 솜털까지 세우고 파드득 거린다
벼슬 위에 올라가 콕콕 쪼며
천생에 연분이라 꾸르륵 거리다가
일순간 돌변하면 본 적 없는 인연이다

투척의 시간 빼면 그들은 정물
전투 식량 쌓인 지뢰밭 속에서
가증스런 심장으로
가소로운 벼슬로
고춧대 같은 발가락으로
할퀴고 헤집고
하늘도 땅도 보이지 않는
파국이 목적인 듯,

2부

장미를 자르다

가난한 사람을 비난해 본 적 있다
아버지까지
학벌이 없는 사람을 부끄러워해 본 적 있다
어머니까지
못난 사람을 멸시해 본 적 있다
오빠까지
가난과 학벌과 추남의 이들이
다 죽었는데
분별은 가시처럼 돋았다

붓다 오신 올해도
꽃 꽂는다
이십 년 꽃 꽂는다
부자인 보련회가 돈을 내 꽃을 사고
나는 세상에서 가장 잘 드는 가위를 들고
꽃 중의 꽃 극찬의 장미를 잘랐다
잘라도 잘라도 죽지 않는
가난과 학벌과 추남을 잘랐다
위장된 장미가 아니라면
깊이깊이 물올림 하라 하며

병목안

설악산 비선대 가자는 것도 아니다
지리산 폭포 아래 목욕하자는 것도 아니다
썩을 놈의 세상 뒤집자는 혁명도 아니다

해만 뜨면 가보자
등줄기 땀만 나면 가보자
병목아지만 해도 좋을 수리산 계곡 가자가자 했더니
물 막아놓고
버드나무 개망초 꺾어 꽃밭 만들고
참외 자두 띄워놓고 살림 사는 꼴 보기 싫어 못 간다니
삼복에 나 혼자 와자작 시끄러운 새우깡 먹는다

이름에게

쓸개와 간을 빼주었다
쓸개가 짧아 있는 데로 늘여서 빼주었다
눈에 넣어도 아프지 않을 내 새끼도
어디가 미운지 아는데
이뻐서 빼준 게 아니지
줄 곳 없어 빼준 게 아니지
꽃보다는 아름다워서
하루에도 열두 번씩 변하는 나와 달라서
수미산도 파들고 온다기에
연화대 연꽃도 따다 준다기에
까짓 간 쓸개쯤이야
명줄 걸고 내달렸지

돌아보아라 유리디체
차라리 동굴 속 차가운 돌이 되라
오르페오는 원래 없었다

아들은 어린왕자

꽃 중의 꽃 장미꽃 두 송이
피거나 시들거나
열매를 품었거나 열매를 지우거나
가까이 있거나 저만치 있거나 장미꽃이
땅을 넓혀주기를
하늘에 닿아주기를
바오밥나무 되기를 원하지 않는다
초록이 아니어도 괜찮다
반짝이지 않아도 괜찮다
어딘가에 물과
어딘가에 꿀이 있음을 알기에
보이지 않아도 가까이 서 있음을 알기에

〈네가 오후 네 시에 온다면 나는 세 시부터 행복해질.〉

붉은 혀

혀를 만져보았다
내 몸에 있지만 만져 본 건 처음이다
콩고물 묻은 인절미 같은
찰랑찰랑 물결 같은
언젠가 내려친 적 있는
무녀의 귀 같은

칸나같이 나부끼는
혀의 뿌리까지 만져 보았다
양치는 소년과 놀았던 적 있는
하얀 거짓말들과
감언의 문장들이 밀봉되어 있었다

163센티의 키로 자란 불꽃
부글거리는 혀를 누르고 있는
꽃잎 저 아래
끓고 있는 타클라마칸
나올 수 없는, 나와서도 안 되는 통증들이
백여덟 마리의 말벌과 사투를 벌이며
침묵하고 있다 해바라기를 용서하라 사람들아
기울어짐은 햇빛의 뜻이다

너를 믿는다

이 말은 질타를 삭힌 어머니의 눈물
이 말은 한숨이 빙벽이 된 폭포의 모습
이 말은 래릿고 노래보다
배부르게 먹는 아이들의 숟가락 부딪치는 소리

시계가 멈추었다 해서
세상이 고요한 건 아니다
머릿속은 더 바쁘다
쌀을 사고 닭을 사고
아버지의 은단과 어머니의 몽블랑 만년필을 사고
아내의 립스틱과 아이들의 책을 사야 하는데
명품시계는 실없이 한가하다
일어나기 싫은 등을 밀며 몸살 나게 째깍거려야 시계다
걷고 싶은 시계
일 초도 틀리지 않는 저를 믿어주는 손목을 위하여
엎어진 김에 좀 더 쉬는 걸로 하자
너무 오래지는 않게

너를 믿는다

이 말은 세상이 다 너를 꾸짖어도
오동나무처럼 비우고 서 있겠다는 어머니의 말
이 말은 이 말은 말이다
이 말을 들은 호랑이가 수풀을 박차고 나가는 소리다

까칠한 장미

너, 나였다 전생에

이제야 우리 어머니 축원이 이루어졌네
더도 말고 덜도 말고 너 닮은 딸 낳으라고
축원하시더니
한 대 건너 기어이 조손으로 들이셨네

어느 구름에 비가 들었을까
시시각각 하늘 보네
백번 잘해도 한번 허술하면 여지없이 날아가고
백번 만났어도 언제 만났을까 돌아서면 미련 없어
빨간 목숨 하나쯤이야
태양의 자양분으로 태어났다고 양양거리는 오만
죽처럼 끓는 애증의 대립
대립의 이유는 싫은 것이 이유

시들었나 다시 보면
피고 또 피어
지지 않는 꽃

어느 전생에 본 적 있었을까
꽃잎 열어보니
나 앉아 있네
어여뻐라 까칠해라
눈물겹게 반가운 꽃

숨은 뜻

사회단체에 낸 기부금이 모호하게 날아갔을 때
나도 못 입는 옷 선물했는데 그것이 다른 사람에게 가 있을 때
날마다 팔아드린 잘 영근 고추와 상추가 노인의 텃밭에서 나온 게
아니었을 때

숨은 뜻이 궁금하여
지구 끝까지 따라가고 싶은데
숨은 뜻 알려하지 말라는 21세기 여래 오늘 보았다

길을 가는데 눈알이 필요하다고 엎드린 나찰에게
여래, 망설임 없이 빼주었더니
두 눈을 발로 밟아버린 나찰을 보고 화를 낸 제자에게
화내지 마라 그가 어디에 사용하든지
내가 주었을 때 이미 끝이란다

그래도 궁금하다
검은 미궁

비천한 밥

사람인지 짐승인지
발목을 틀어잡는 밤과 새벽 사이 모진 꿈

네게는 큰 밥
내게도 큰 밥일 테지만
밥 한 그릇 얻어먹고 나는 네게 미주알고주알
껄끄러운 현미밥 씹듯이
나를 흔드는 혼돈의 뿌리를 씹고 또 씹고

돌아서면 아차, 오늘도
밥 한 그릇에 무릎 꿇고 비천했네
대책 없이 일렁이던 이슬을 떨구고 날았네
정월 초하루 해해 연년 새 책마다
"뒷담화하지 말자" 행서 보기 미안하네

너는 오직
물컹물컹 십초 만에 밥 삼키고
눈물 젖은 말 건성건성 삼키고
가자가자가자가자가자
영혼 없는 말의 몰락
영혼 있는 밥의 위력

형벌에 대하여

형벌에 대한 사내의 잣대는
모두 총살감이다
오늘 아침도 사내는 텔레비전 속 세상을 향하여
세 건의 총살을 언도하고
양복 입고 넥타이 매고
홍삼액이 든 물병 들고
사랑하는 애견의 머리 쓸어주고 나갔다
그녀는 사내의 정당성에 대한 반박이 없다
규명 그 자체도
총살감이기 때문이다
사내가 말하는 요구도 자문에 대한 답도 총알처럼 빠르다
머뭇거림과 숙고 그 자체가 총알이다
사내의 사고 한가운데 상시 대기 중인 직사포

언젠가 사내의 아버지가 말했다
느닷없는 발사에
낮은 목소리로, 장전되지 않은 총으로
아해야 자넨 말이 너무 빠르네

우려하던
그 아버지 지금은 안 계시고

언제나 한결같이
날이면 날마다 꽃비 속에서
참꽃처럼 노루처럼
법 없이도 잘살 것이라 믿으실까

사내는 오늘도
무거운 가방을 매고 지름길 돌고 돌아
횡단보도를 찾아가고 있다
십 년 된 넥타이 목에 불끈 동여매고

그 사내의 아내가 참고로 한 말
"우리 집에는 장난감 총도 총은 두질 않아요"

뒷모습을 보면,

1
가여워라
왜 업어주고 싶은지
너는 무엇을 기대하였는가?-스토너를 읽다가
잠이 든 머리를 쓸어주고 싶은지
복숭아 같은 엉덩이 토닥이고 싶은지
잠든 너는
여주열매 같은 손으로 쓰다듬는
노인의 손을 계관하고 있겠지만
노인의 피는 대책 없이 붉고
어이없이 자비롭다
천태산 만태산도 들이겠다

2
가여워라
사람의 뒷모습이라니
절대로 눈 흘기지 못하겠다
돌 던지지 못하겠다
너무 공손하여

측은하여
겨울 산같이 서늘하여,
내 피,
언제나 산술이 영점인 무모한 피지만
곶감만 빼먹고
돌아서지 못하겠다

가시고기 2
―언니에게

연골이 파열된 다리를 깁는다 마른 숨이 휘돌아 딱딱 마주치는 이빨 마취에 든 무중력 상태의 다리는 해독하기 어려운 인형극, 몸 밖의 몸이 몸속의 제 흔적을 살피고 있다

내 손 좀 잡아 줘,

몸속 푸른 자양분마다 깨워 공포와 둔탁한 다리를 쓰다듬는 거기 하늘의 손 가쁘다 제 몸의 체온을 수 천도로 부하시켜 얼음 같은 내 손 그 뱃속에 허기처럼 품었다

오, 능라,
푸른 벼 넘실거리는 양달뜰
파란 보리밭 일렁이는 구릉논

폭우와 폭설과 폭풍의 연대기는 끝났다 지상의 모든 존재 위에 군림하는 한결같은 봄날의 천륜에게 내리는 경배

〈

명마여 다시 일어나 천둥을 넘어라
황홀한 유객의 눈부신 한 때가 인화된 필름이
화석처럼 있으니

밤에게 들킨 위선

1
꽃도 아닌 것이
꽃처럼 피어 있는 신냉이꽃 닮았다
위선

내 손으로 하는 일의
인내가 처절하게 반듯하다
검은 오장 속은 욕설과 원성 난무한데
기막히게 숨겨도
간파하는 선구자는 슬픈 나의 오만을
용서하고 오체투지 해야 한다
굶어 죽어도 배불러 터져죽었다 여기는 말에
내가 나를 경배하는 밤
갓 죽어도 어제 죽은 듯 누워 있을 감쪽같은 밤
내일은 착해보자
물 한 컵도 공손하게 내려놓자 마음먹는 밤

2
요란하게 코 고는 소리 그치더니

잠 속에서도 긴 한숨 소리 난다
불을 밝히고 그를 내려다본다
더러븐 세상
어떤 놈 비위를 맞추고 있나
몇 가닥 남은 머리카락 식은땀에 젖어 있다
살이 넓은 부채로 펄럭펄럭 부쳐 준다
구부린 저 등에 매달린 눈, 눈, 눈
보이는 것마다 아프다
왜곡된 쥐들이 밤마다 달라붙는 내 다리도

3
창으로 들어오는 바람이 위선처럼 차다
차단 말도 삼가자
새벽은 세시 오십 분
아들은 처처시불의 막사에서
거룩하신 시님과 절 절 절하며 절을 지키는데
내일 아침엔 순해지자
이 말도 하지 말고 온전하게,
모르는 척 순해지자

메아쿨파

아들의 목에 걸린 닭의 뼈

모월모일에 내가 비틀어 잘라버린 수탉의 목뼈다
아들의 폐에 빠져나간 바람 한 줌
빨갛게 영근 꽈리 밭에서 찌르고 터트린
내 손톱 그늘이다
아들의 지갑에 부는 회오리바람
주지도 않았는데 훔쳐 먹은 각양각색 내 혀의 난무다

어젯밤 꿈에
나의 아들 둘이 지붕도 없는 집에서 이불 덮고 자고 있었다
꿈은 꿈이라지만
꿈신 이놈아 이러지 마라
에미는 덮은 이불도 폭설이다
지붕이 있어도 서까래 앙상한 뼛속까지 바람 드는데
아들아 너희는 예 섯거라
내가 저 불 속에 들마
내 몸을 태워 너희 심장을 데워 주마

아들이 큰소리로 울며 말린다

"어머니 어머니는 불타는데 저는 빗자루를 들고 절 마당을 쓸라 하십니까?"

태을봉에서, 장미꽃을 받고 싶다

내 심술은 불편하고 무모하다
수리산 태을봉 갈 때마다
저만치 떨어져가는 그의 등에 돌 던지고 싶다
삐걱거리는 육감을 받치고 있는 왜곡의 눈
손잡고 가는 부부 등에 돌 던지고 싶다
숲으로 사라진 그, 어느 길로 갔을까
두 갈레 길 앞에서 손바닥에 침 뱉는다
나무가 그를 숨겼나, 입고 간 주홍색 옷 빛이 떡갈나무에 졌다

절뚝거리며 혼자 내려오는 산길
까마귀 두 마리 뱅뱅 돌며 번갈아 운다
까마귀 우는 골에 사람이 죽는다지
퉤퉤퉤 침을 자꾸 뱉는다
까마귀 깃털이 다 젖도록 뱉는다
훠이훠이 물렀거라
미물아 돌 던져도 내가 던질 것이다
어느 계곡에 들었는지 모르지만
그 사람, 비늘도 건드리지 마라
어쩌면 장미꽃 들고 올지 모른다

3부

보체리 연꽃

칠월, 비 오시는 날 보체리 갔다
황공하게도 연꽃이 일어나 절했다
아이들은 그 연꽃 발 위에
입 맞추었다
휴휴한 은퇴와
오래된 신화를 경배하는 기억과의 동행
유일한 위안의 영토 위 싹이 돋고
우담바라 화현이다

종양의 정체를 만나러 가는 아침

마른 김 한 장으로 물 말은 밥을 먹으면서
내 손으로 거두던 그의 숟가락과
열 가지 차린 반찬

내가 품은 악의 꽃은 조용하다 아직은,
알콜보다 도수 높은 실종된 말을 먹고
니코틴보다 어지러운 혼돈을 먹고
생각하지 말아야 할 것을 생각한 것들이

둥글게 손잡은 사람들의 기도가 들린다
온전한 혼의 소리
땅에서 두 발로 걷는 사람들의 힘으로
날개 가진 이들을 만날 수 있을까

천 년을 흐르는 폭포를 멈추게 했다는 소리를 듣기도 했지만
독사를 꽃으로 바꾸었다는 소리를 듣기도 했지만

절망을 희망으로 믿기

그래서 날개 달린 이들이 부르는 노래를 들어야 하는
것이다
장돌뱅이 피가 흐르는 다리로 어제처럼, 일상처럼
미나리를 사고 모자 사야 하는 것이다

어젯밤 꿈속에서
어머니는 만났지만

뿌리

너가 내게로 오는 길은 참 좋겠네 장미, 수수꽃다리, 설유화 가득 핀 꽃길만 따라오면 그곳에 나 목화 옷 입고 서 있으니 내가 네게로 가는 길은 참 가팔라, 아카시 뿌리를 넘어 탱자나무를 지나 얽히고설킨 산딸기 넝쿨을 지나 그곳에 너 억새풀잎 옷 입고 서 있으니 나를 조립한 너는 참 좋겠네 뱀딸기 열매 따다 산호라 해도 기왓장 빻은 가루 밥이라 해도 분꽃 씨 꽃분을 내 얼굴에 발라 줘도 나는 춤추는 사이보그 너를 선택한 나는 참 서늘하네 산을 들이라 해도 믿어야 하고 나는 사람으로 보이는데 네가 사람이 아니라 해도 믿어야 하고 짐승으로 보이는 강아지도 사람이라 말하면 믿어야 하는, 어둡고 추운 이 별에서 내리고 싶은데 지독한 뿌리는 뽑히지 않네 한 사람이 떠나가고 다시 또 와도 지극한 뿌리는 뽑히지 않는다네 치유되지 않는다네 그러나 치유의 길 한 가지, 죽음만이 그 뿌리 뽑을 수 있다네 죽어야 그 뿌리 뽑힌다 하네 그 뿌리 살아 불멸의 제국으로 서 있겠네

저질렀다는 것은

저 구두를 살 수 있지만 내핍을 위한 거라면
저 반지를 살 수 있지만 욕구를 줄이는 것이라면
서러움이 아니다
저 구두를 샀기에 밥 먹을 수 없는 것이었을 때
저 소꿉놀이 장난감을 샀기에 사과를
먹을 수 없는 것이었을 때
저질렀다 한다

저질렀다는 것은 머루 같은 자존심이다
저질렀다는 것은 욕망에게 엎드린 무릎이다
저질렀다는 것에 대하여
함구하시라
가장 아린 피가 선택한 지극한 절제다

과녁과 착각

소리개 한 마리
하늘에서 빙빙 원을 그리고 있다

하늘 그 아래
스스로는 봉황이라 믿고
누구나 닭이라 부르는 닭은
가는 곳마다
피식거리며 쏟아놓는
경박스러운 항문을
짧은 날개로 당겨 간신히 덮고
붉은 벼슬을 세우고 다닌다

소리개가 낮게 돌고 있는 건
자신을 향한 구애라고
철석같이 믿는 닭이
발가락으로 헤집은 굼벵이 허연 살을
찍어 물고 하늘을 향해 벼슬을 흔들 때

발톱을 숨긴 소리개가

빛보다 빠르게
닭대가리를 낚아채고
햇빛 쨍한 뒷등을 넘는다

소리개 다리에 채인 닭은 땅을 내려다보며
온전한 구애는 이것이다 믿고

타인

아내를 호위하지 못하는 남편에 대해, 남편을 계관하는 아내에 대해부릅뜬 눈 하나 유주무주에서 내려다본다 머리 위 번갯불 서너 번 지나간다 꾸역꾸역 넘기는 밥숟가락 휘어지겠다 미물이거나 사람이거나 자식이 누군가에게 몹쓸, 몹쓸 짓을 했다 해도 어미는 필경의 사유와 맹목의 논리로 철통같은 이불을 덮는다 수백 번 뱉고 싶은 말의 모서리마다 덮는 백여덟 폭 치마 사나운 가시 살 속 깊이 묻는다

남편이 아내에게 호식해 주지 못할 때, 아내가 남편을 계관할 때 미물이거나 사람이거나 평상심이 멀다 쌓아올리는 돌멩이 내려놓자 먼 산 불같은 타인 앞에 돌아서면, 돌아서면 원수 한탄강 얼음 같은 타인 앞에

피라밋

처음에 우리는 손잡고 가자했다
나란히 나란히 내가 살고 네가 사는 일이라고
살아도 죽어도 같이하자 했다
뜨거운 사막에서도 내주던 물주머니

그의 눈은 늘 둥글고
사소함에 발톱을 세우는 나의 옹졸은 숲으로 무성했다
따라잡을 수 없을 때 인간은 표적을 난도질한다*는데
그의 흠집에 몰두하는 내 거울은
얼음의 씨앗을 품고 꽃이 피기를 기다리는데

그의 영토는 무서운 봄, 꽃을 피웠나
꽃잎 열리는 소리에 잠이 깬 나는 보았다
피라밋 정상에 서 있는 그를
밤마다 얼음을 녹이던 그의 무릎 앞에서
나를 탕진한 나를 또 용서하는 미혹

*한나아렌트 인간의 조건 중에서

혼돈

일어날 듯 말 듯 사내의 구둣발이 수없이 들썩거린다
게임은 종횡무진 막고 부수고
이따금 얼굴을 들어 전광판의 역마다 확인하고
다시 게임에 몰입하여 좌불안석 조급하다
분명 두 구역 정도가 목적지일 것이다
머야
지금 여덟 개를 지나고 있네
삶은 언제나 예측불허
나도 맹장을 수술했다 절대로 돌 같은 건 안 먹었는데

내릴 듯 말 듯
다시 게임에 몰두하는 저 남자
도착할 지점을 통과해 버려라
발을 꽈악 밟고 싶다 넘어지는 척하며,

정월 대보름

—장물아비

검은 껍질을 벗겨낸 자전거 타이어 바퀴가
달보다 희다
며칠 동안 밥알이 밀려 나온다
세상 저 편의 사람들은 보름달 아래
소원을 적은 종이를 접어 달집의 싸리나무 가지마다 달아놓고
주문을 외우 듯 빌고 있다

사내도 적고 있다
분해된 자전거를 태워 갈
은하철도가 오늘 밤 무사히 당도하기를
이불에 싸여 저 땅끝 마을 지나 아프리카 지나
구름에 들어 비가 되기를
샛별이 있는 자리 그 너머 더 작은 별이 되기를

불꽃같은 소원들이 이글이글 타오르고
쥐불놀이 깡통들이 동그란 바퀴를 만들며 돌아가고
소원을 비는 목소리 앰블런스 소리보다 다급하나
천지가 둥근 모양으로 보이는 사내의 등엔 폭설이 내린다

달이 너무 밝은 것이다
달은 눈을 부릅뜨고 절대로
고통 없이 세상의 강물 건너서는 안 된다는 것이다
보름달이 잦아져 초승달이 될 때까지 입술 더 타야 한다는 것이다

몇 장의 지폐만 받고도 말없이 돌아서던
초승달 같은 그 눈만 아니었어도
보름달보다 더 환한 그 놈의 웃음만 아니었어도

오슬오슬 한기가 드는 이 밤
보름달 향하여 시위를 당겨본다
만월아 월식에 들어라
쥐불놀이 깡통 바닥에 구르고
자전거 둥근 거죽들이 껍질을 벗어도 태연하도록

히야히야히야
시위를 당겼던 손 내리고 보름달을 향해 손 모은다
후미진 곳 향해 번쩍이며 돌아가고 있는 순찰차가

붕어빵 천막 앞을 재빨리 지나가기를

세상의 둥근 것들 모두 싣고
은하철도가 대기권을 벗어날 때까지
세상의 빛과 그림자여 하루만 하루만 캄캄해지기를,

어느 영화 이야기

우리는 라디오도 없었다
나는 열세 살, 언니는 스물한 살
해마다 송기물 오르고 필기 하얗게 피는 언덕이 영화다
조약돌 뜨거운 다죽 강변과
쪼로롱새 이파리 흔드는 당산나무와
알밤 떨어지는 것이 보이는 마루 높은 집이 영화다

스물한 살 언니는
마루기둥에 매달린 나무 상자 같은 앰프에 소리 높여
섬마을 선생님과 황포돛대를 신청하고
연속극 들으며 콩 타작하고
쑥대 피워 올려 모기 쫓던 밤
노래를 보내주던 서른한 살 DJ가 우리들의 영화다
쑥부쟁이같이 쑥쑥 자라는 내가 예쁜 줄 알고
백 개도 더 외운 유행가가 영화다

봄비 억수같이 내리던 날
살구꽃이 다 지던 날
서른한 살 아저씨가 앵두 같은 피 떨구고

낙엽 따라 가버린 사랑을 들려준 그 노래가 마지막 영화다

밤마다 열리던 자물쇠 채워진 언니의 쇠가방이 사라지고
영화는
the end

짐생

우리는 서로가 서로를 투척한다
내가 그를 어여삐 여기지 않음에 대하여
그가 나를 어여삐 여길 수 없음에 대하여
경멸하면서

날마다 싱크대 앞에서 나는
한 쪽 다리를 들고 내갈긴 짐생의 오줌 밭에
두 발을 적신다
프랑스산 사냥꾼의 얼굴로
태연하게
가증스런 표적을 남기고 날렵하게 돌아서는
노린내 등천의 노랑물

주먹만 한 몸
죽비로 딱딱 바닥만 울리는 아침
너
한 번 더 내 발을 적시면
가랑비 오는 날
가소로운 네 불알에
약콩만 한 네 불알에
벌침을 놓을 거다

맹목의 땅

할머니 등은 아이의 꽃밭 해바라기 지천의 땅, 유치가 빠져 ㅁ, ㅂ 새나가는 아이의 얼굴은 꽃보다 환하다 오래 배워 온 경전을 덮은 할머니 한가로운 출구를 막고 그 등에 꽃을 심었다 주먹 내면 가위 낼게, 열두 번 속아도 그 등은 허물어지지 않는 땅 거름 짙다

아이는 신데렐라 노래 부르고 스무 번도 더 한 나무꾼과 선녀 이야기 진진찰찰 또 보채는 아이엄마 오지 않는 밤 달은 어찌 그리 더디 넘는지 자정을 넘는 달빛 아래 자박 자박 발소리 기다리는 밤 곱디고운 찔레꽃 하르르 져도 할머니는 꽃잎 한 장 못 밟는다 자작나무 어깨에 메고 돌아올 아이엄마 서늘한 노동이 멈출 때까지

선녀를 잃고 바위에 앉은 나무꾼보다 슬픈 아이를 안은 할머니 이야기는 자꾸자꾸 길어지고 선녀가 내려준 두레박 타고 하늘로 올라가는 나무꾼 이야기 들으며 비로소 안심한 아이는 졸린 눈을 감는다

사분사분 꽃잎 쌓이는 할머니 등도 이제 고요고요하다,

해바라기에 대한 모반

내 반목과 무심의 원천은 졸렬한 욕망
발현되지 않음에 대한 투쟁이네
그러나 나는 다시 고개를 숙이네
여전히 그대의 영혼은 신의 무릎 가까이 있네
나는 그대를, 순례자의 그대를
달도 별도 시샘하지 않는 강을 밀어 올리는
윤슬이라 부르네
그 푸른 들판과 윤기 흐르는 자갈을 쓰다듬는
피리꽃이라 부르네

가시 돋은 장미는 비루한 줄기를 세워
서툰 계획으로 그대의 뿌리를 갉아 내리고 있었던 것이네
해바라기의 모반을 꿈꾸었던 것이네

미안하네
내가 그대를 반격하면
그대도 저항했을 것이네만
그대는 순백의 꽃

그 곁에 피어 있는 나는
기억의 제단을 떠도는 불꽃
원형을 갖추지 못한 꽃이네
눈부신 배경이 전설같이 겹쳐진
열아홉 개의 꽃잎 위에
눈이 내리네 비가 내리네 바람이 부네
폭설이 오네 폭우가 오네 폭풍이 오네

그래도 쓸쓸하지 않다고 말해야 하는 건 영혼의 능욕
이네
그래서 단언하네
사랑,

오월의 메타포

잠이 오지 않는 오월 밤
아카시아꽃 향기 진동한다
향 따라 가보니 비녀 꽂은 어머니
내 동생 욱이 안고 찐 감자 껍질 벗기고 있는 일기장 부근이다
미끌미끌한 돌멩이 들면 청푸른 고동 입을 오므리는 수통미
부근이다
살색 긴 양말로 내복을 둘둘 말아 넣은 남루한 치마 입은 봄은 왜
그리도 산란한지
보리밭은 왜 그리도 일렁이던지
종횡무진 달리던 오월 부근이다
뚤뚤이 감나무 아래 오줌추무리를 향해 머슴아처럼 오줌 누던
가시내의 생가 부근이다
앉으나 서나 웃거나 울거나
살아서 가장 많이 함께 살아, 죽어서도 함께 살아 쓸쓸하지 않을

나보다 나를 더 잘 아는 언니 부근이다
장기기증으로 보관된 두견새 오빠처럼
고기 잡던 통발이 아직도 걸려 있는 오빠의 침침한 헛간 부근이다

꿈길에도 푸른 미리벌 동녘 서녘
단장면 미촌리 사촌 구미 부근 씨 뿌리고
바람 부는 오월 밤
유록을 건너가고 있는 박달산 아래 열 평짜리 땅 따먹는다
열 손가락 마디마디 지질게 일어나고
새앙쥐 열 마리 발을 타고 올라도

적멸보궁

상단에 부처 없다
좌복이 부처다
그리 살라 죽비 들었다
허공이 적멸이다
비움이 형상이다
금부처의 말이라 금이고
좌복의 말이라 목화가 아니다

적멸,
무진의 직설을 듣고 내려오는 길
땀 흐르는 사바의 삼복
꽃배암 한 마리
꽃무릇 아래 들어
갈라진 혀에서 나오는
겹겹의 말 서늘하고
잎을 비운 자리의 정점에는
칠월의 보궁
초연한 연화봉 붉다

4부

신의 답

가보를 분실한 적 있어 한 달을 찾아도 못 찾아 신에게 갔더니 그 신이 달려 나와 내게 절했다 옥황상제 따님이 오셨다고, 가보는 큰물이 고인 둥근 발자국 아래 있다고 했다 우리는 소를 묶어놓은 소발자국 아래를 파보았더니 정말 나왔다 그 후 나는 신의 말을 믿기 시작했다 나는 옥황상제의 딸이 맞을 것이란 생각도 해 가면서 육감으로 사람을 잡기도 하면서 이따금 생사람을 잡은 적도 있어 신의 답을 얻기 위해 신에게 가면 신은 김금화님처럼 내가 뽑은 깃발을 쥐고 참으로 영험 있게 말한다

정말 헤어지고 싶은 마음이 아니고 그 헤어짐이 두려우신 것이지요? 신의 답은 옥황상제 따님보다 우위에 있었다

군자란의 피는 초록이 아니었다

군자란을 쳤다 단칼에
멱살을 잡고
군자답지 못해 잘랐다

오만의 피
피의 본색도 초록이었어야 했어
가여워라
서슬도 얇아라
겨우 바람 한 통과 맞바꾸다니

붉은 나의 팔을 멈추게 하려면
남 남 남에게 주는 호방한 그 웃음 내게 한 알만 주었으면
군자 그대
그리 질 나쁜 종량제 속엔 들지 않았을 것

도비도

초봄에 움트는 쪽파를 다듬는 일 만큼
후진 없는 담쟁이 능신의 나만큼
자갈 벽에 기대어 물총을 쏘아대는 바지락
캐는 일 즐겁다
쪼끔만 더 살아야 할 때
한 칠십 살아야 할 때
낙지 숨은 땅 만큼도 좋으니
썰물 드는 날마다 망쪼래기 하나와 호미 한 자루 들고
햇빛에 쪼그라진 감자가 될 때까지
갯벌에 앉아
저기 옥양목 두루막 너풀거리며
걸어오시는 아버지 같은 밀물 바라보며
두근두근 바라보며
혹자는 장밋빛 혹자는 개똥쑥 같은 한생
한 빌 한 발 뒤로 물리고 싶도록
살고 싶다
까망콩같이 야물고 동그랗게
굽혀도 허리 짱짱하게
폭풍에도 폭우에도 언제나 내 편인
손명오 울 언니랑
둥근 섬 도비도에서

추락

목련나무 가지 위에서 매미가 엉엉 운다
여름 같지 않은 여름이
속절없이 지나갔다는 거다
칠 년만의 외출을
빗속에 지내고 말아 빈정 상했다는 거다
나도 엉엉 울 때 있다
하늘 같은 자존심이 바닥을 쳤을 때

혼자서도 잘 논다

병실까지 따라온 고요한 무게들을 만져본다
새벽 세시에 일어나도 할 일이 있다는 것
그것도 참 재미있는 일
끊임없이 돋는 미나리 위로 지나가는 발자국들
뚜벅이거나 쏜살같거나
내가 보인 등과 그들이 보인 등과
다시는 궁금하지 않을 등들이 거머리같이 지나간다

쉬운 말을 어렵게 말하는 사람아
어려운 말을 쉽게 하는 사람아
빈곤한 혀를 접고
절벽 그 아래 그냥 있어라
밧줄을 내리지 않겠다
날짐승과 길짐승이 대책 없이 달리던 산을
나 혼자 넘어왔다 나도

나를 견제하는 혹독한 나의 신 쓰러져 누우셨던 동안
보고 듣지 않아도 훤하다 하신다
칼날같이 털고 쾌차하신 나의 신 리스트 보여주며 일갈
냉정한 덫 돌아보지 마라
하나, 둘, 셋, 넷 호명하신다

수리산 바람꽃

—합가

바람꽃은 세상의 모든 문을 흔들며 울었다는데
기약 없는 무기수처럼 울었다는데

나도 울었네
네 울음소리 산을 울려
잔설 속에 핀 꽃이 흔들리는지 뷰파인더가 흔들리는지
멈추지 않네

또 울었네 즐거워서 울었네
학교종이 땡땡땡 울리는 아침
놓고 간 신발주머니 들고 부스스 달려가는 것이
명자꽃잎 같은 입술로 부르는 레릿고를 듣는 것이
어린왕자를 읽으며 장미꽃에 물 주는 손을 보는 것이
신이 나서 울었네

그 중 가장 신나는 일은
황톳빛 홍수 범람하고 번개나 천둥이 울거나 말거나
한 시간에 육천 번 번개를 물리친 아들이 있음이네

〈

우리는 한결같은 세월
미나리를 무치며 간을 보네
초록과 소금의 나라에서
불의 나라와 얼음의 나라 사이에서

수리산 바람꽃은 눈 속에서 핀다네

육감

육감을 믿었다 산신령 자격증도 있다 육감은 일사천리로 날아다니며 명중했다 산으로 들로 청량리로 경상도로 종횡무진했다

세상은 진화하고 육감도 진화하고 산신령은 하산했다 세상은 애플을 열게 했고 육감은 후궁을 간택했고 산신령은 들어야 할 산이 없다

오늘 육감의 신이 면벽에 드셨다 집에 분명히 불이 났을 것이라고 일러 준 육감이 이른 말에 가던 길을 되돌아 왔는데 목련꽃 아래 집 고요하다 육감 어르신 드디어 하직하셨음에 매우 상심하고 돌아간다

라프레리

–거미 같은 어미와 백일홍 같은 아이 살았다

우면산 비탈진 밭 까투리 한 마리
쥐도 새도 모르게 동동구리무 묻어 두고 내려갔다
햇빛 좋은 날 밭에 들 때 캐 가라고

그 어미 얼굴 천만 년 지나도
물결 일지 말라고
설유화 피라고

강물 같은 손으로 묻어 두었던
구리무를 캐내 온 날
양볼을 따라 분꽃 지천으로 피는 자리 눈물꽃 환하다

보리쌀로 복채를 낸 열네 살 가시나에게 던지고 간
박수무당의 그 말, 말, 말
날마다 만월

長毋相忘

둔탁한 가지는 새순이 돋지 않고
통증은 아직 지팡이 속에 빳빳한데
반으로 쪼개진 세상은 어둡다

살가운 시들이 겹쳐 보여 서럽지만
오늘 점심은 맛나겠다
분홍빛 얼굴 환하고
발려놓은 굴비도 달다
보일 듯 말 듯한 세한도 한켠에 있는 추사의 그리움이 옳다
수많은 얼굴들 고개 숙이던 허리들
지금은 어느 책 어느 귀절에서 뜨거운지
안부가 궁금한데

해해 연년 오는 봄 찾아온 아이 둘
빈 들 가득 카네이션 꽂아주고
손 흔들며 돌아간 뒤 세한도 축축하다

카운테스 마야

오디오가 없어 네게 비창을 들려줄 수가 없어
앰프가 없어 네게 아리아를 들려줄 수가 없어
그러나 나는 마에스트로
불후의 심포니 비장한 심장 있어 네 머리칼 깊숙이 스밀 거야

마야, 오늘도 나는 운수 좋은 날
네 무릎을 장엄하기 위하여 대어를 낚을 거야
이쑤시개 한 통으로,
날계란에 비벼먹는 흰 밥을
섹시하게 찢이진 게스 진바지를
절대로 이탈하지 않는 라도 시계를
인간문화재를 낚고 천연기념물을 낚을 거야

베고 나도 또 자라는 푸른곰팡이 피는 이 골동품 위에
아이리스 향을 뿌릴 거야
영원히 절멸하지 않는 자리에서 가장 빛나는
시리우스,
마야의 안부 물으며
내 머리칼에는 로즈 향을 뿌릴 거야

시월에 핀 진달래

아이가 생각하는 행복은 울지 않는 것인지 모르겠다
서늘한 식탁에서 먹는 고기보다
웃으며 먹는 콩나물이 행복이라 여기는지 모르겠다
김치를 버무리다가
인간의 조건을 읽다가
돼지 족즙을 먹다가
잠을 자다가
아이가 말하는 행복이 궁금해서
자꾸 잠을 깬다

—엄마가 불쌍해요
—할머니가 있잖아
—아니에요 할머니, 완벽한 행복은 아니잖아요

아홉 살 아이가 보는 완벽한 행복은
부서진 장난감들을 다시 사는 것일까
엄마 손에 건네는 아빠의 월급봉투일까

온 세상이 하얗다

아이 엄마가 춥겠다 바람꽃같이,
시월에 눈이라니

온 세상이 환하다
아이 엄마가 행복하겠다 눈부신 꽃길
시월에 진달래가 피다니

나무꾼과 선녀

나무꾼은 나무를 하러 산에 올라갔대요
홀로 남은 선녀는 합죽선 그림 속 느티나무 그늘에 들어
삼복을 견디고 있었대요

산에서 내려 온 나무꾼은 다래와 머루를 씻어
선녀의 방문을 열었대요
아아,
선녀, 날개옷 입고 하늘로 날아갔나요
우렁각시, 독 속으로 들어갔나요
검정고양이, 벽 속으로 들어갔나요

오, 외로운 나무꾼
선녀가 벗어놓고 간
향그러운 화관의 모란이 지고
합죽선 연잎 위에 비가 내리더래요

날개옷을 입은 선녀는
박달나무 사다리 건너

호랑나비 우쭐거리는 백일홍 지나
뙤약볕에 익는 달리아 지나
불꽃같이 타오르는 칸나 지나
오작교 앞에 서서 뒤돌아보더래요

어쩌면 그리움일지 모르는 연기가
나무꾼의 굴뚝에서 뽀얗게 피어올라
선녀의 날개옷에 친친 감기고요

눈물[眼]인지 눈물[雪]인지 모르는 눈이
이 삼복에도
뒤란 나무꾼의 나뭇단 위에 하얗게 하얗게 쌓인대요

어린이날 유감

영화 보러 가는 아이들을 따라가고 싶은 할머니,
–할머니 따라오지마세요에 감전되다,

몸짓 마음짓 다 내주는 사랑을 계관하는 데는
필경 사유가 도사리고 있을 터
다 준다고 하는데 그 한 모서리 비어 있거나
또 한가운데 마지못함이 스며있음을 알아차림이 있음이야
아이가 사달라고 하는 인형을 없더라 말하고
핑크빛 옷으로 대체한 마음을 올인이라 말하는 건 반칙이지
어린이날에 합류할 자격을 이미 실격한 것이지
소소한 배척에
제지된 사랑에
빈정 상하는 어른의 왜곡을 참한다만
오늘 하루 온종일 꽃비 내리는 하늘 볼 수 없고
비 내리는 원두막에 앉아
그 아이가 그려놓은 나비와 꽃과 하트가 찬란한 노란 푯말만
바라본다
쓸쓸하고 이상한 어린이 날가파른 모서리

세 마리의 짐승과, 꽃 한 송이와, 사람 하나
–자화상

나는 누구일까
간곡하게 물어보면 답한다고
정말이다 질문에 대한 답이 나왔다

제일 먼저 꼬리 아홉 달린 여우가 왔다
꼬리마다 다른 옷을 입고 살아남기 위해 산다고 했다
한 꼬리는 블루진을
또 한 꼬리는 드레스를
또 하나는 한복을 입고
적재적소에 든 여우 신이 났다

다음엔 능사
하루에도 수백 번 부딪칠 때마다
몸 따로 마음 따로
꼬리는 감추고 머리는 세우고
언제든지 헤쳐 또는 모여를 하기 위해
몸 사리고 산단다
돌 틈같이 척박한 세상의 틈바구니에서
독설의 형벌로 갈라진 혀 속에

치명의 즙은 이슬이 되었지만
사른 불꽃 회수하지 않고 피운 불꽃 뺏기지 않는단다

다음엔 유순한 개 한 마리
놀랍게도 교양이 있다
저가 아는 사람 절대로 물지 않는다는 철칙으로 산다
했다
심장이 부어올라 있어도 주인의 음성에 가쁜 숨결도
가벼워져
뛰어오르는 몸은
말러의 고별보다 절절하단다

마지막으로 꽃 한 송이 고요히 서 있다
겨울비 속에 초연한 장미 한 송이
꽃이 얼어서 죽었다 해도
사람들은 열화 같은 사랑에 뜨거워 죽었다 할 것이란다
목이 말라 죽었어도 폭포처럼 누렸다 할 것이란다
이 봄에도 저 봄에도 피고 또 피어
쇠뿔같이 돋은 가시마다

향기 취한 환각의 벌을 구별하는 혜안이 있음을
시인도 죽일 수 있는 치명의 독이 있음을 아무도 모
른단다

맨 마지막에 다가선 사람 하나
나를 가장 잘 아는 내가
나도 잘 모르는 내가
여우와 능사와 개를 안고 답한다
나의 사랑이 너무 높아
나와 접속한 세상의 만상이
끊임없이 끊임없이 전율하는 것이라고

미리벌, 그 아름다운 지도

열네 살 그 꿈은,
살구꽃 아래 돌나물이다
아무리 잘라내도
그 줄기에 다시 돋는 웃음소리다
사립문 텃밭에 열린 청포도다
입안 가득 알알이 소스라치는 푸르름으로
한겨울 구릉논 웅덩이에서 솟는 더운 물이다
아버지의 뻣뻣한 무명옷에 묻은 흙
올올이 눈부시게 만드는 바람이다
병든 아버지와, 엄마 언니 내 동생과 먹던 뱅뱅도리 밥상이다
삼문동 소전에 팔려가 다시 볼 수없는 우리 소 눈동자다
동무동무 씨동무 어깨동무하고
잘룩잘룩 밟을수록 단단해지는 보리 같은 내 시의 살점이다

나를 따라오던 초록빛 시간들,
나와 함께 머물렀던 물상들,
눈 떠도 눈 감아도 다, 다 보이는.

〈

구미 서녘을 휘감던 바람, 허술한 싸리삽짝, 넘실거리는 붉은 강물, 겨울에는 더운 샘 여름에는 찬물 샘, 덩겨로 만든 빨래비누, 송기물 절벅거리는 소나무, 칠탄정을 넘어가는 소 떼, 아버지 어머니 산소 옆 청솔, 들정 위에 앉은 갈가지, 상여골 꽃상여, 이따리목 은어 떼, 칠탄정 제실, 청도할배 대밭, 서리 맞은 자국화, 우물 옆 창포, 담장 위의 채송화, 눈부신 살구꽃, 새끼줄 감긴 아버지의 빈소, 솔가지로 익어가는 무쇠솥 밥, 아버지의 정구지밭, 아버지의 전대, 정지문 옆의 몽당 빗자루, 거미줄 감긴 청포도, 감자 긁던 날 선 놋숟가락, 구손 들판의 수박서리, 고무줄 감긴 라디오, 두들겨야 나오는 앰프, 뚝담 위의 고운 흙, 아버지의 구리 수염, 큰오빠의 비제 연필, 아버지의 임종, 열 살의 동생 욱이가 입은 삼베 상복, 엄마의 허리병, 보리쌀 퍼주고 본 언니와 나의 점괘, 돌고 도는 도리깨, 와롱시롱 탈곡기, 약손가락을 물고 간 지네, 쑥 연기 자욱하던 멍석 위, 콩알 튀던 타작마당, 똥추무리, 오줌추무리, 눈부신 박꽃, 누렁 호박, 희디 흰 박꽃, 누가 때려죽여도 모를 그믐밤, 잿간에서 나오던 집지킴이 능사, 지붕 위에 얹힌 아버지의 무명바지, 수통미 고동, 애장구덩이, 뜨거운 떡갈나무 이파리, 그리운 산유화, 추녀 끝의 호야등불, 검둥개 짖는 소리, 묏등 위의 보리필기, 살구 놀이하던 보리포구나무, 오가며 절하던 당나무, 종소리 들리는 때죽나무, 꺽두구, 탱가리, 쏘가리, 미그지, 모래무지, 노름쟁이, 피라미, 놀래미, 미꾸리…억수로… 억수로 흐르는 강물….

아, 나를 키웠던 내 영성의 종자들
그리워하지 마라
열네 살 그 초록 리듬의 근원
내 영혼 위에 군림하는 황홀한 파장
눈 떠도 눈 감아도 다, 다 보이는,
동짓달에도 더운 바람 부는 미리벌
그 바람의 눈동자들,

■□ 해설

시, 기침 그리고 사랑의 내면들

유정이(시인, 문학박사)

시는 나의 기침이고
내 몸에 돋는 풀
사랑은 나의 기침이고
내 몸에 돋는 자비慈悲
시가 깊어 내가 슬프고
사랑이 깊어 내가 아프다
—손한옥, 〈시인의 말〉

시인의 수만큼 시에 대한 정의가 존재한다고 한다. 그처럼 다양한 스펙트럼이 시에서는 허용되고 또한 요구된다. 정의는 방향이고 철학이다. 김수영(1921~1968)은 시인들을 향해 기침[1)]을 하라 강조했다. '풀'의 시인 김수영에게 '기침'은 시인이 시대를 제대로 읽고 그 살아 있음의 반응을 드러내는 것으로, '풀'은 바람에 쓰러져 있다가도 다시 일어서는 대중의 강건성을 상징하는 대표적 시어이다. 자신을 둘러싼 냉혹함에 반응하고 깨어 있어야 한다는 의미를 담고 있다.

여기 “시”가 자신의 “기침”이고 자기의 “몸에 돋는 풀”이라고 규정하며 글을 시작하는 시인이 있다. 단순히 〈시인의 말〉을 인용하면서 손한옥 시인의 시가 김수영으로부터 출발했다고 하는 것은 무리가 있다. 하지만 그 시의 근원이 어디로 뿌리를 내리고 있는지를 찾아 가는 하나의 좌표가 될 수도 있으리라.

김수영의 제언에 따라 시인은 “기침”을 한다. 시인에게 “기침”은 곧 “시”이다. 그러니까 시인이 쓰는 “시”는 곧 그 살아 있음의 반응이며 징후인 것이다. 또한 “시”는 “몸”에 “돋”아나는 “풀”이라고 하니 이 또한 바람에 흔들리고 쓰러지다 다시 일어나기를 반복하는 김수영 식의 “풀”을 기억해내지 않을 수 없다. 나아가 “시”는 그대로 “사랑”과 등가를 이루면서 유기체로 살아 때로 그것들이 주는 일희일비에 흔들릴 것이니 어찌 “슬프”지 않고 “아프”지 않을 수 있을까.

멈추지 않고 흔들릴 것이다
불혹이라 불렀던 오만한 벚꽃 날개 찢듯이
설유화가 취했던 마티니향 날리듯이

리듬 따라 춤출 것이다
살구꽃 피우듯이 치자꽃 지우듯이
강물을 밀고 바다를 밀어 올릴 것이다

고통 없기를 바라지 않을 것이다
이따금, 순한 노루가 되고 싶은 날과
양날의 혀를 가진 독사가 되고 싶은 날을 생성
이라 여길 것이다

나는 불타는 집에서 너울거리는 바람
지상에서 가장 깊이 숨은 바람, 13월 바람이다
전 전생의 고요와 전생의 격렬로 타오르는 불꽃
이다

–「바람」 부분

시는 사랑의 길이요, 삶의 길이라고 말해본다. 자기를 찾아 확인하는 것이 삶의 길이고, 시의 길이 아니겠는가? 그렇다면 손한옥 시인이 생각하는 "나"는 어떤 삶을 운영하는, 혹은 어떤 속성을 지닌 존재일까? 위의 시에서 시인은 자기 자신을 "바람"으로 정의하고 있다. "기침=시"를 불러오기도 하고 "내 몸에 돋는 풀"을 뉘어놓기도 하는 근원의 "바람"은 그러나 사실은 형체가 없는 존재이다. 눈에 보이지 않는 모습으로 그러나 분명 존재하는 "바람"은 다른 사물의 몸을 빌려 자신을 드러내는 미스터리한 대상이다. 그것은 부드럽고 감미로운 것으로 때로는 광폭하고 사나운 모습으로 현현한다. 시인은 이러한 속성을 지닌 “바람”을 자기 자신의 모습에 대입시킨다. “불타는 집에서 너울거리는”, “지상에서 가장 깊이 숨은”, “고요와 전생의 격렬로 타오르는 불꽃”이라고 규정한다. “13월의 바람”은 형체 없이 존재하는 그 속성을 유감없이 보여주는 것이다. “바람”은 “바람”이되 “양날의 혀를 가진 독사”처럼 매우 강렬한 속성을 지닌 존재이다.

손한옥 시의 전반적 특징은 강렬하다는 점이다. 미사여구를 즐겨 쓰지 않으며 따라서 여타의 장식적 수사를 그다지 즐겨 쓰지 않는 것이 특징이다. 다음과 같은 예가 대표적이다.

군자란을 쳤다 단칼에
멱살을 잡고
군자답지 못해 잘랐다

오만의 피
피의 본색도 초록이었어야 했어
가여워라
서슬도 얇아라
겨우 바람 한 통과 맞바꾸다니

붉은 나의 팔을 멈추게 하려면

남 남 남에게 주는 호방한 그 웃음 내게 한 알
만 주었으면
군자 그대
그리 질 나쁜 종량제 속엔 들지 않았을 것

–「군자란의 피는 초록이 아니었다」 전문

손한옥 시인의 시를 일별하다보면 가장 강렬하게 떠오르는 느낌, 다른 설명을 붙일 필요도 없이 대부분의 시가 매우 강한 힘을 발산하고 있다는 점이다. 아니 어쩌면 건장하다는 표현이 더 적절하다. 그 어조가 그러하고 세계관이 또한 그러하다. 일찍이 시인 서정주는 시의 건강성을 위해 수식언보다는 용언을 운용해야 함을 강조했다. 손한옥 시인의 시에는 장식적 수사가 엄격히 절제되어 있다. 용언의 연결로 이어지는 시의 이미지는 힘이 있다. 더구나 "군자란" 이나 "단칼", "오만"과 "피의 본색" 그리고 "서슬"과 같은 시어의 측면에서 살펴보면 더욱 그러한 느낌을 가중시킨다. 또한 "소녀도 아니다 여인도 아니다/가시나 문디가시나다/동서남북 모르는 꼴머슴이다/풍랑 앞에서 있는 기갈 센 어부다"(「사무친다」)나 "백 마리의 쥐를 잡기위해 편백나무를/오백 번 휘둘렀다"(「쥐 잡는 편백나무」)와 같은 시에서도 알 수 있듯 문장에 거침이 없고 힘이 넘친다. 여인의 퍼소나를 갖추었으되 소심함이나 연약

함을 찾아볼 수 없는, 기개와 절개가 번득이는 여장부를 지켜보는 듯하다. 이는 지나치게 왜소화의 길을 따라 걷는 요즈음의 시, 여타 여성시인들의 시와도 단연 변별되는 특징을 여실히 보여준다.

가여워라
사람의 뒷모습이라니
절대로 눈 흘기지 못하겠다
돌 던지지 못하겠다
너무 공손하여
측은하여 겨울 산같이 서늘하여,
내 피,
언제나 산술이 영점인 무모한 피지만
곶감만 빼먹고 돌아서지 못하겠다

–「뒷모습을 보면」 부분

그렇지만 또 가만히 들여다보면 섬세하고 고운 대상을 향한 부드러운 연민을 내재하고 있다는 것을 인정하게 된다. 섬세한 촉수가 아니면 느낄 수 없는 "뒷모습"을 향한 거부할 수 없는 연민과 배려가 흐르고 있다. 이는 앞서 밝힌 것처럼 "내 몸에 돋는 자비"의 모습을 보는 듯하다. 한편 "내 손으로 하는 일의/인내가 처절하게 반듯하다"(「밤에게 들킨 위선」)고 고백하는 다른 어조가 있다. 부드럽고 연약한 속살을 보일 수 없어 깊숙이 숨기고 있다는 전언에 다름 아니다. 달팽이 안에 담긴 한없이 부드러운 속살, 손한옥 시의 자아는 강한 외면을 갖추고 있으나 본질적으로 매우 보드라운 내면을 꽁꽁 숨기고 있는 '내유외강'의 개성, 그 특징을 펼쳐 보여준다.

> 혀를 만져보았다
> 내 몸에 있지만 만져 본 건 처음이다
> 콩고물 묻은 인절미 같은
> 찰랑찰랑 물결 같은
> 언젠가 내려친 적 있는
> 무녀의 귀 같은
>
> 칸나길이 나부끼는
> 혀의 뿌리까지 만져 보았다
> 상처는 소년과 놀았던 적 있는
> 하얀 거짓말들과
> 감언의 문장들이 밀봉되어 있었다
>
> 163센티의 키로 자란 불꽃
> 부글거리는 혀를 누르고 있는
> 꽃잎 저 아래
> 끓고 있는 타클라마칸

나올 수 없는, 나와서도 안 되는 통증들이
백여덟 마리의 말벌과 사투를 벌이며
침묵하고 있다 해바라기를 용서하라 사람들아
기울어짐은 햇빛의 뜻이다

–「붉은 혀」 전문

“내 몸에 있지만 만져 본 건 처음”인 “혀”처럼 “콩고물 묻은 인절미 같은/찰랑찰랑 물결 같은” 것은 자신도 알지 못하는 속성일 수도 있다. “양치기 소년”의 “하얀 거짓말들”과 “감언의 문장들이 밀봉되”고 “끓고 있는 타클라마칸/나올 수 없는, 나와서도 안 되는 통증들”이 “침묵하고 있”기는 하지만 마치 쇠를 녹여 수용하는 용광로처럼, 녹여 다른 것을 생성하듯 “혀”는 새로운 모습으로 만들어진다. “시들었나 다시 보면/피고 또 피어/지지 않는 꽃/(중략)/꽃잎 열어보니/어여뻐라 까칠해라/눈물겹게 반가운 꽃”(「까칠한 장미」)이라고 알아차리는 내면은 무장한 외면 속에 보이는 여린 속살과 같이 부드럽기만 하다.

너가 내게로 오는 길은 참 좋겠네 장미, 수수꽃
다리, 설유화 가득 핀 꽃길만 따라오면 그곳에 나
목화 옷 입고 서 있으니 내가 네게로 가는 길은 참
가팔라, 아카시 뿌리를 넘어 탱자나무를 지나 얽히

고설킨 산딸기 넝쿨을 지나 그곳에 너 억새풀잎 옷
입고 서 있으니 나를 조립한 너는 참 좋겠네 뱀딸
기 열매 따다 산호라 해도 기왓장 빻은 가루 밥이
라 해도 분꽃 씨 꽃분을 내 얼굴에 발라 줘도 나는
춤추는 사이보그 너를 선택한 나는 참 서늘하네

–「뿌리」 부분

목련나무 가지 위에서 매미가 엉엉 운다
여름 같지 않은 여름이
속절없이 지나갔다는 거다
칠 년만의 외출을
빗속에 지내고 말아 빈정 상했다는 거다
나도 엉엉 울 때 있다
하늘 같은 자존심이 바닥을 쳤을 때

–「추락」 전문

"장미, 수수꽃다리, 설유화 가늑 핀 꽃실"에 서서 망연히 기다리는 "나"는 또 얼마나 여린 사람인가. "나"는 "너"에게 조립된 사람, "너"와의 관계에서는 지나치게 수동적일 수밖에 없으니 열심을 다해 달려갈 수도 오를 수도 없는 "가파"른 인생일 뿐이다. "뱀딸기 열매 따다 산호라 해도 기왓장 빻은 가루 밥이라 해도" 믿어야 하는 수

동적 존재이다. 하여 대책 없이 "하늘같은 자존심이 바닥을 쳐"도 "엉엉"(「추락」)울어 버리는 수밖에 없는 것이다.

> 아내를 호위하지 못하는 남편에 대해, 남편을 계관하는 아내에 대해 부릅뜬 눈 하나 유주무주에서 내려다본다 머리 위 번갯불 서너 번 지나간다 꾸역꾸역 넘기는 밥숟가락 휘어지겠다 미물이거나 사람이거나 자식이 누군가에게 몹쓸 짓을 했다 해도 어미는 필경의 사유와 맹목의 논리로 철통같은 이불을 덮는다 수백 번 뱉고 싶은 말의 모서리마다 덮는 백여덟 폭 치마 사나운 가시 살 속 깊이 묻는다
>
> 남편이 아내에게 호식해 주지 못할 때, 아내가 남편을 계관할 때 미물이거나 사람이거나 평상심이 멀다 쌓아올리는 돌멩이 내려놓자 먼 산 불같은 타인 앞에 돌아서면, 돌아서면 원수 한탄강 얼음 같은 타인 앞에
>
> –「타인」 전문

"계관"의 사전 의미는 '사람들이 서로 꺼리거나 어려워함'이다. 이 시에는 대체로 시어로 자주 사용되지 않는 단어인 "계관"이 두 번이나 등장한다. "몸짓 마음짓 다 내주는 사랑을 계관하는 데는/필경 사유가 도사리고 있을

터”(「어린이날 유감」)까지 헤어보면 시집 전편을 통틀어 세 번 정도 사용되었음이 확인된다.

혼자서 생을 영위할 수 없는 인간은 다른 이들과 관계를 맺으며 살아간다. 하지만 그 관계의 과정이나 결과가 그리 순조롭지만은 않다. 경우에 따라 갈등과 조정의 국면을 거치면서 이해와 화해의 수순을 밟기도 한다. 하지만 결국 합의와 절충을 이끌어내지 못하고 파국으로 치닫는 경우도 다반사이다. 그것이 인간이 나 자신이 아닌 다른 사람, “타인”과 맺는 관계의 일반적 상황이다. 흥미로운 점은 여기서 ‘관계’의 글자의 순서를 바꾼다면 “계관”으로 쉽게 돌아간다는 것이다. 위의 시를 통해서 시인은 “계관” 보다는 ‘관계’를 회복해야 한다는 것을 강조하고 있는 듯하다.

아들의 목에 걸린 닭의 뼈

모월모일에 내가 비틀어 잘라버린 수탉의 목뼈다
아들의 폐에 빠져나간 바람 한 줌
빨갛게 영근 꽈리 밭에서 찌르고 터트린
내 손톱 그늘이다
아들의 지갑에 부는 회오리바람
주지도 않았는데 훔쳐 먹은 각양각색 내 혀의
난무다

– 「메아쿨파」 부분

"메아풀파(Mea Culpa)"는 내게로 책임을 돌리는 '내 잘못이로소이다'의 의미를 담고 있다. 모두 남의 탓하기 좋아하는 시대를 살고 있다. 누구나 예외 없이 지식이 발달할수록, 정보가 늘어날수록 그 모든 것의 총량을 남의 탓으로 돌리는 것에 쓰고 있다 해도 과언이 아니다. 천주교의 예배의식에는 한 손으로 자기 가슴을 치며 "내 탓이로소이다" 하는 의식이 있다. 인간의 본성은 자기 시각에서 본인에게 유리한 측면으로 사유하고 판단하는 것이 상례이지만, 모두들 자신을 옳고 상대는 옳지 않다는 의식으로는 우리 사회의, 우리 마음의 천국을 세울 수 없을 것이다. 만약 반대의 경우를 상정해 본다면 어떨까? 자신을 성찰하고 서로를 배려하는 따뜻한 공동체가 만들어질 것이다.

하지만 무조건적인, 분석 없는 반성이 최선은 아니다. 손한옥 시인 역시 자신에게 주어진 나쁜 결과에 대한 조건 없는 수용이나 수긍이 아니고 그 근원을 세심히 관찰하고 되돌아보는 일이 필요하다고 말한다. 그는 그 사유의 잣대로 인과응보설을 끌어오고 있다. "아들"에게 닥친 화禍와 흉凶이 사실은 어미인 "내"가 과거에 알게 모르게 행한 행위의 결과로써 나타난 것이라는 자탄이다. 이러한 인과응보설이 절대성을 갖는 것은 아니지만[2] 원하지 않거나 잘못 만들어진 어떤 결과에 대하여 자신의 잘잘못을 되짚으며 반성의 잣대를 대보는 일은 요즈음에 와서 더욱 요구되는 아름다운 덕목이다. 시인은 이를 강조하고 있는 것은 아닐까? 어디서 누가 "어쩌면 장미꽃 들고 올지 모"(「태을봉에서, 장미꽃을 받고 싶다」)를 일이다. 좋은 과보를 갖기 위해서 한 번쯤 생각한 후에 행동하는 지혜가 절실하다. 시인은 이처럼 짧은 시 「메아쿨파」에서 이 시대와 공동체가 요구하는 가치를 역설한다.

시로써 해결할 수 있는 문제는 별로 없다. 시의 힘은 그만큼 약화되었고 줄곧 유사한 길을 걷고 있다. 여기 내면의 웅얼거림 혹은 속살거림이 난무하는 왜소화의 지경을 나와 건장하게 자기 소리를 내는 한 개성 있는 시인의 목소리가 들린다. 관계의 회복과 공동체의 행복을 말하고 자기반성을 말하는 목소리이다.

"시는 나의 기침이고/내 몸에 돋는 풀"이라고. "사랑은 나의 기침이고/내 몸에 돋는 자비"라고. 강한 어조로 부드럽게, 부드러움을 담아 강하게 "시가 깊어 내가 슬프고/사랑이 깊어 내가 아프"다고 외치는 소리다.

1) 기침을 하자/ 젊은 시인이여 기침을 하자/ 눈을 바라보며/ 밤새도록 고인 가슴의 가래라도/ 마음껏 뱉자(김수영, 「눈」 부분)

2) 정도전은 불교의 인과응보설에 대해 길흉화복이 음양오행의 자연적 작용이 낳은 결과를 간과하였다고 지적함. 「불씨인과응보지변佛氏因果應報之辨」